Answers Book

Pour se connecter à ses dieux et déesses

Design par l'Appartement Parisien.

ISBN: 978-2-38578-027-2

www.editions-tredaniel.com

info@guytredaniel.fr

www.facebook.com/tredanieleso

@tredaniel_eso

Isabelle Cerf

Answers Book

Pour se connecter à ses dieux et déesses

GOOD MOOD DEALER
By EXERGUE

27, rue des Grands-Augustins
75006 Paris

Bienvenue

dans ton *Answers Book* *pour se connecter à ses dieux et déesses !*

Ce petit livre va t'aider
à trouver en toi les réponses à toutes
les questions que tu te poses.

Pour l'utiliser, concentre-toi sur ta question, respire et laisse ensuite défiler les pages sous tes doigts avant de t'arrêter sur l'une d'elles : c'est là que se trouve ta réponse !

Si la réponse n'est pas celle que tu espérais, interroge-toi plus en profondeur et essaie de comprendre pourquoi ; prends le temps d'analyser ce qu'elle éveille en toi.

Tu peux aussi refaire défiler les pages et voir ce que tu ressens avec la nouvelle réponse. Autre possibilité : faire un mélange des deux réponses si cela te parle.

Mais il ne sert à rien de recommencer jusqu'à ce que tu obtiennes la réponse souhaitée. Demande-toi plutôt pourquoi tu reçois celle-ci et pas une autre.

Dans l'Antiquité, Delphes était souvent considéré comme le centre du monde ; c'est à cet endroit qu'était situé le temple du dieu des arts, de la divination et du soleil : Apollon.

Nombreux étaient celles et ceux qui y venaient en pèlerinage pour consulter les présages des dieux.

Les maximes delphiques constituent un ensemble de 147 phrases inscrites dans le sanctuaire de Delphes, qui auraient été transmises par l'intermédiaire de l'oracle (femme chargée de la transmission des messages des dieux aux hommes).

Ce sont des commandements pour guider les hommes dans le cheminement de leur vie.

Attention : les maximes ayant été rédigées dans un contexte historique bien différent du nôtre, il est nécessaire, lors de leur interprétation, de prendre en compte les évolutions sociales et culturelles.

Ἕπου θεούς

SUIS LES DIEUX.
TU ES INVITÉ À T'ÉLEVER SPIRITUELLEMENT ET À T'ALIGNER SUR DES PRINCIPES SUPÉRIEURS.
SUIS LES EXEMPLES DES DIEUX POUR INCARNER DES PRINCIPES ET VALEURS NOBLES.

Νόμῳ πείθου

OBÉIS À LA LOI.

**LES LOIS SONT
LE FONDEMENT
D'UNE SOCIÉTÉ
BIEN ORDONNÉE.
VEILLE DONC À LES
RESPECTER AFIN DE
NE PAS TROUBLER
L'ORDRE ÉTABLI.**

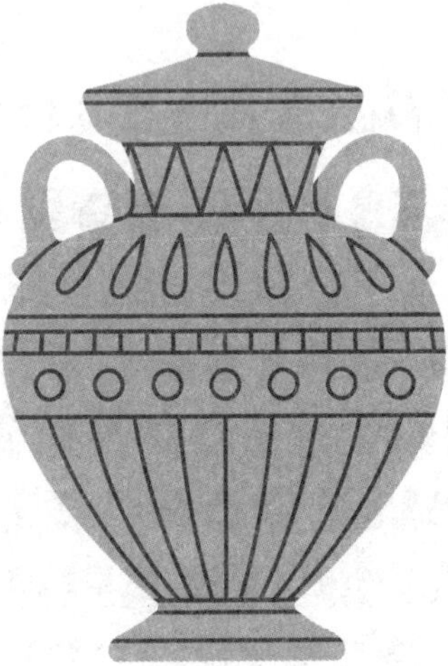

Θεοὺς σέβου

ADORE LES DIEUX.

ACCORDE-TOI DU TEMPS POUR HONORER LES FORCES DIVINES ET T'Y CONNECTER.

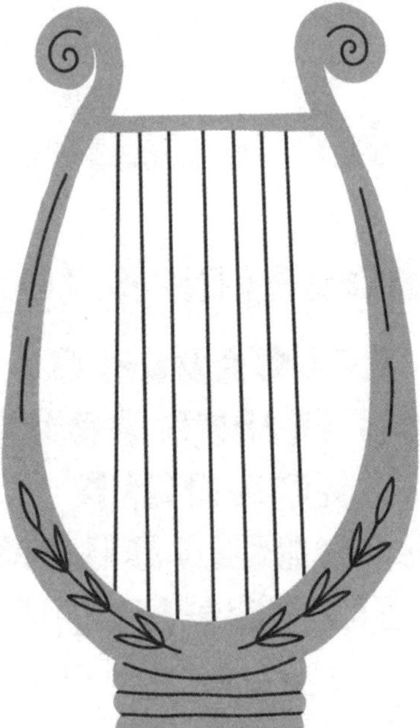

Γονεῖς αἰδοῦ

RESPECTE TES PARENTS.
IL EST PRIMORDIAL POUR TOI DE TE COMPORTER RESPECTUEUSEMENT VIS-À-VIS DE CELLES ET CEUX QUI T'ENSEIGNENT LA VIE ; ICI, LES PARENTS NE SONT PAS UNIQUEMENT BIOLOGIQUES MAIS AUSSI SYMBOLIQUES.
TU DOIS LE RESPECT À CELLES ET CEUX QUI T'ÉDUQUENT.

Ἡττῶ ὑπὸ δικαίου

BATS-TOI POUR LA JUSTICE.

NE PERDS PAS TON ÉNERGIE À DÉFENDRE DES CAUSES FUTILES, MAIS UTILISE-LA PLUTÔT POUR TE BATTRE EN FAVEUR DE CAUSES JUSTES ET DE VALEURS MORALES.

Γνῶθι μαθών

**APPRENDS
DE TES EXPÉRIENCES.**

**CHACUNE DE
TES EXPÉRIENCES,
POSITIVE OU NÉGATIVE,
ARRIVE SUR TON CHEMIN
POUR QUE TU EN TIRES
UNE LEÇON. GARDE CELA
EN TÊTE ET RESSORS
GRANDI DE CHACUN
DE TES ACTES
ET ÉPREUVES.**

Ἀκούσας νόει

PERÇOIS AVEC CONSCIENCE.

APPRENDS À PRENDRE TES DISTANCES PAR RAPPORT À CE QUE LES AUTRES TE DISENT AFIN DE TE FORGER TON PROPRE AVIS. PRENDS DU RECUL ET FAIS PREUVE D'ESPRIT CRITIQUE. LA PAROLE D'AUTRUI N'EST PAS TOUJOURS VÉRITÉ.

Γνῶθι σεαυτόν

**CONNAIS-TOI
TOI-MÊME.
PRENDS DU TEMPS
POUR TE RETROUVER
AVEC TOI-MÊME
ET APPRENDRE
À TE CONNAÎTRE,
CAR L'INTROSPECTION
EST LA CLÉ.**

Γαμεῖν μέλλε

CULTIVE LE DÉSIR DE TE MARIER.

TU ES INVITÉ À ENTRETENIR L'ASPIRATION À VOULOIR TROUVER LE BON PARTENAIRE POUR CONSTRUIRE ET FONDER UN FOYER.

Καιρὸν γνῶθι

AGIS AU BON MOMENT.

CHOISIR LE MOMENT ADAPTÉ POUR AGIR EST PARFOIS AUSSI CRUCIAL QUE L'ACTION ELLE-MÊME. IL FAUT PARFOIS SAVOIR ÊTRE PATIENT ET AGIR AU MOMENT OPPORTUN.

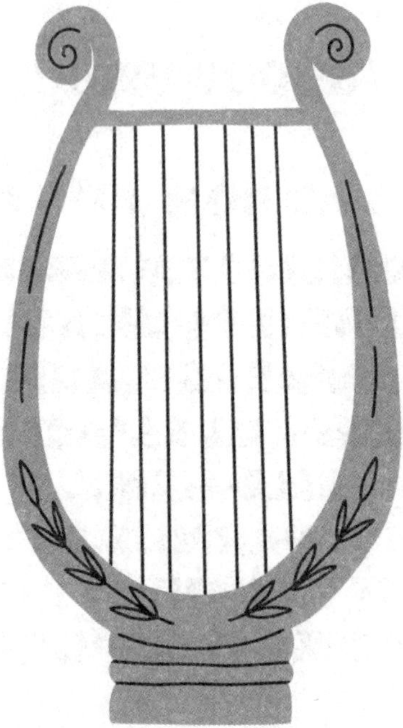

Φρόνει θνητά

PENSE COMME UN MORTEL.

RAPPELLE-TOI LA PLACE D'HUMAIN QUE TU OCCUPES DANS CE MONDE ET FAIS PREUVE D'HUMILITÉ ET DE MODESTIE.

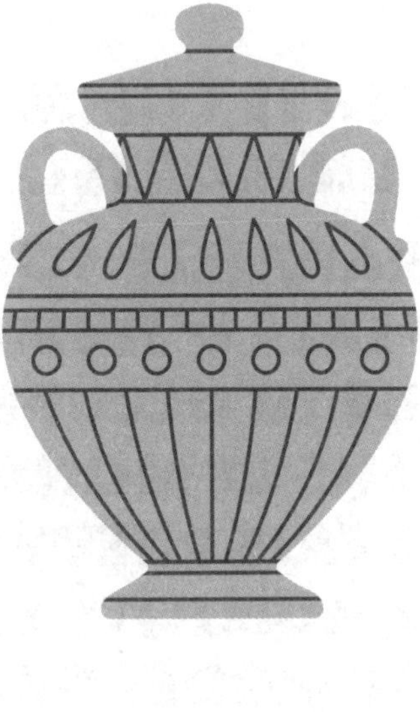

Ξένος ὢν ἴσθι

SI TU ES UN ÉTRANGER, AGIS COMME TEL.

LORSQUE TU ARRIVES DANS UN NOUVEL ENVIRONNEMENT, OBSERVE ET IMPRÈGNE-TOI DE CELLES ET CEUX QUI ONT LE SAVOIR AVANT DE LE FAIRE TIEN. ÉVOLUE PROGRESSIVEMENT ET RESTE SUR LA RÉSERVE LORSQUE TU ES LE NOUVEL ÉLÉMENT D'UN GROUPE. N'IMPOSE PAS AUX AUTRES TA MANIÈRE DE FONCTIONNER OU DE RÉFLÉCHIR.

Ἑστίαν τίμα

HONORE TA MAISON.

RESPECTE ET VALORISE TON FOYER. PRENDS SOIN DE L'ENDROIT OÙ TU VIS, TENTE DE CULTIVER DES RELATIONS FAMILIALES POSITIVES ET DE CRÉER UN ENVIRONNEMENT ACCUEILLANT ET CHALEUREUX.

"Αρχε σεαυτοῦ

MAÎTRISE-TOI.
EN TOUTES CIRCONSTANCES, VEILLE À AGIR DE MANIÈRE CALME. MAÎTRISE TES INSTINCTS PREMIERS ET PRENDS DU RECUL PAR RAPPORT À LA SITUATION AVANT DE TE POSITIONNER.

Φίλοις βοήθει

AIDE TES AMIS.

PORTE UNE ATTENTION PARTICULIÈRE À CELLES ET CEUX QUI T'ACCOMPAGNENT FRATERNELLEMENT ET N'HÉSITE JAMAIS À LES AIDER LORSQU'ILS EN AURONT BESOIN.

Θυμοῦ κράτει

RETIENS TA COLÈRE.

MAÎTRISE TES ÉMOTIONS, RECENTRE-TOI ET NE T'EMPORTE PAS.

Φρόνησιν ἄσκει

EXERCE LA PRUDENCE.

PRENDS LE TEMPS D'UNE LONGUE RÉFLEXION AVANT DE FAIRE DES CHOIX IMPORTANTS ET RESTE AVISÉ DANS TES PRISES DE DÉCISION. SAGESSE ET ANTICIPATION SONT PRIMORDIALES.

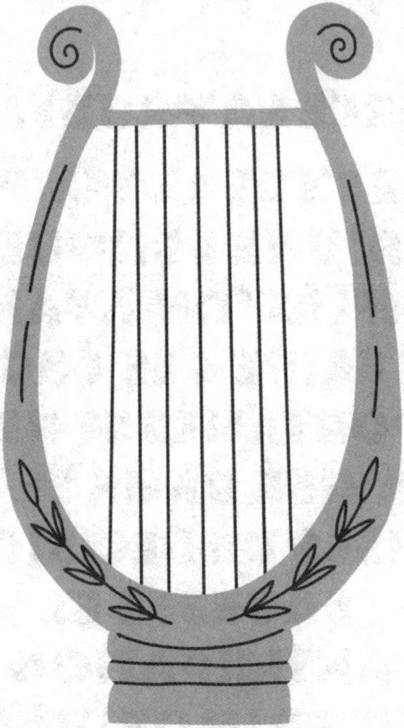

Πρόνοιαν τίμα

ESTIME LA PROVIDENCE.

**PEU IMPORTE CE QUI ARRIVE :
CETTE MAXIME T'ANNONCE
DE GARDER EN TÊTE
QUE LES DIEUX ONT
UN PLAN POUR TOI.
INTÈGRE L'IDÉE QUE
CHAQUE CHOSE ARRIVE
POUR UNE RAISON,
MÊME SI TU N'EN VOIS PAS
ENCORE LA RÉSULTANTE.**

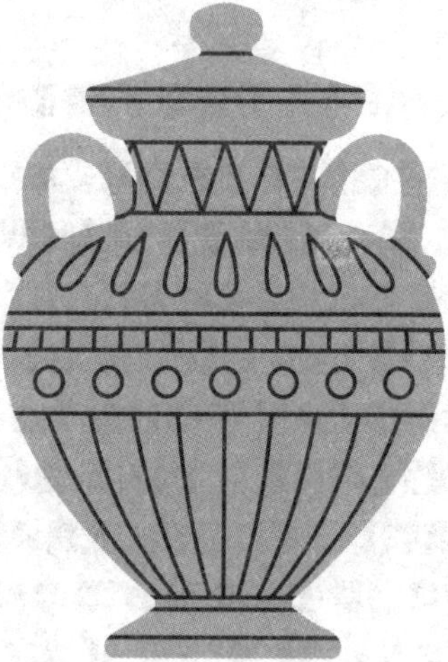

Ὅρκῳ μὴ χρῶ

NE DONNE PAS DE SERMENT.

ÉVITE D'ENGAGER TA PERSONNE QUAND TU N'ES PAS SÛR DE POUVOIR TENIR TA PROMESSE.

Φιλίαν ἀγάπα

AIME L'AMITIÉ.

CHÉRIS LES RELATIONS AMICALES ET LES RELATIONS AVEC TON ENTOURAGE.

Παιδείας ἀντέχου

PERSISTE MALGRÉ LES DIFFICULTÉS.

N'ABANDONNE PAS TES EFFORTS POUR ATTEINDRE TES OBJECTIFS, QUELS QU'ILS SOIENT. TA PERSÉVÉRANCE SERA RÉCOMPENSÉE.

Δόξαν δίωκε

RECHERCHE L'HONNEUR.

CULTIVE TON HONNEUR EN AGISSANT DE MANIÈRE MORALE, MÊME LORSQUE PERSONNE NE TE REGARDE.

Σοφίαν ζήλου

SOIS AMI DE LA SAGESSE.

**FAIS EN SORTE
DE TOUJOURS CHOISIR
LA VOIE DE L'APAISEMENT,
ET NON CELLE
DE L'OPPOSITION.
CULTIVE TA CONNAISSANCE,
TA COMPRÉHENSION
ET TA RÉFLEXION
AFIN D'AGIR AVEC
LA SAGESSE À TES CÔTÉS.**

Καλὸν εὖ λέγε

**FAIS DES LOUANGES
À CE QUI EST BON.**

**FAIS PREUVE DE GRATITUDE
ET VALORISE AU QUOTIDIEN
CE QUI EST POSITIF ET SAIN.
TU DOIS CÉLÉBRER
LES ASPECTS POSITIFS
DE LA VIE, CELA T'AIDERA
À ENCOURAGER
TA PENSÉE POSITIVE.**

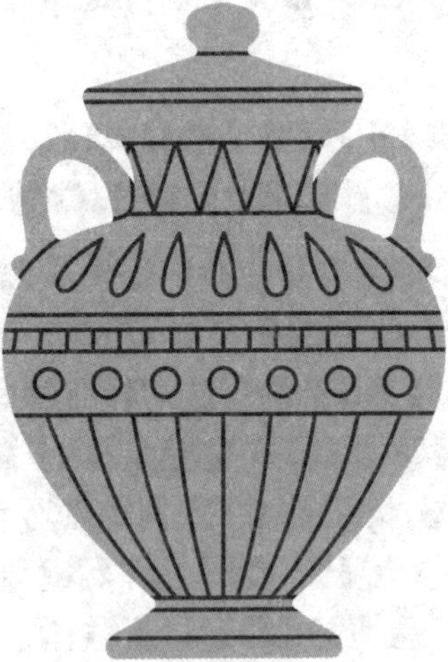

Ψέγε μηδένα

NE DÉNIGRE PERSONNE.

VEILLE À NE PAS PARLER EN MAL DES AUTRES ET À LES RESPECTER, MÊME SI TU ES CONTRARIÉ.

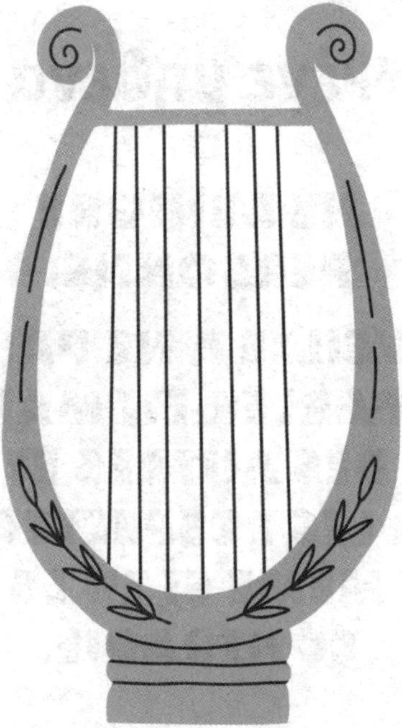

Ἐπαίνει ἀρετήν

FAIS DES LOUANGES
À LA VERTU.
CÉLÈBRE ET HONORE
LES QUALITÉS MORALES
ET ÉTHIQUES.
APPRENDS
À RECONNAÎTRE
ET À ENCOURAGER
LES ACTIONS
ET LES COMPORTEMENTS
JUSTES ET BONS.

Πρᾶττε δίκαια

FAIS CE QUI EST JUSTE.

**AGIS POUR
LES CAUSES QUI
TE SEMBLENT JUSTES
ET SUIS LA VOIE
DE CONDUITE
ET DE MORALE
QUI TE SEMBLE
LA PLUS SAINE.**

Φίλοις εὐνόει

SOUTIENS TES AMIS.

TES AMIS AURONT PARFOIS BESOIN DE TOI, TU DOIS ÊTRE LÀ POUR EUX DANS LES BONS COMME DANS LES MAUVAIS MOMENTS, ET LEUR OFFRIR UN APPUI, UNE ÉCOUTE ET UNE PRÉSENCE PRÉCIEUSE DANS LEUR VIE.

Ἐχθροὺς ἀμύνου

FAIS ATTENTION À TES ENNEMIS.

GARDE UN ŒIL ATTENTIF VIS-À-VIS DES PERSONNES SUSCEPTIBLES DE TE FREINER DANS TON ÉVOLUTION.

Εὐγένειαν ἄσκει

SOIS POLI.
INTÈGRE DES QUALITÉS MORALES NOBLES, TELLES QUE L'INTÉGRITÉ, LA BIENVEILLANCE ET LA GÉNÉROSITÉ. AGIS AVEC DIGNITÉ ET HONNÊTETÉ, POUR REFLÉTER TA NOBLESSE INTÉRIEURE.

Κακίας ἀπέχου

ABSTIENS-TOI DE LA MÉCHANCETÉ.

N'AGIS PAS DE MANIÈRE BLESSANTE AVEC AUTRUI ET PRÉFÈRE UN COMPORTEMENT APAISÉ.

Κοινὸς γίνου

SOIS IMPARTIAL.

NE TRANSIGE PAS SUR TES VALEURS. AFFIRME-TOI ET POSE DES LIMITES BIEN DÉFINIES AUTOUR DE CE QUE TU SOUHAITES.

Ἴδια φύλαττε

**PROTÈGE
CE QUI EST À TOI.
PRENDS SOIN
DE TES BIENS,
DE TES RELATIONS
ET DE TOUT CE QUI A DE
LA VALEUR POUR TOI.
DÉFENDS CE QUI COMPTE
À TES YEUX, QUE CE SOIT
MATÉRIEL OU AFFECTIF.**

Αλλοτρίων ἀπέχου

**NE CONVOITE PAS
CE QUI APPARTIENT
AUX AUTRES.**

**LA CONVOITISE NE MÈNE
À RIEN DE BÉNÉFIQUE,
ELLE NE FAIT QUE GÉNÉRER
DE L'AVERSION POUR
L'AUTRE ET DE LA CONFUSION
POUR SOI-MÊME. FUIS CE
SENTIMENT ET CONCENTRE-TOI
SUR TES OBJECTIFS DE VIE.**

Ἄκουε πάντα

ÉCOUTE TOUT LE MONDE.

CHAQUE VOIX MÉRITE D'ÊTRE ÉCOUTÉE, NE TE FOCALISE PAS UNIQUEMENT SUR UN DISCOURS, MAIS TENTE D'ENTENDRE LE PLUS DE POINTS DE VUE ET D'OPINIONS POSSIBLE.

Εὔφημος ἴσθι

**GARDE-TOI
UNE BONNE RÉPUTATION.**

**FUIS LES COMMÉRAGES
QUI POURRAIENT SALIR
TON IMAGE AINSI
QUE CELLES ET CEUX
QUI LES COLPORTENT.**

Φίλῳ χαρίζου

RENDS SERVICE À TES AMIS.

RENDS-TOI DISPONIBLE POUR TES AMIS DANS LE BESOIN.

Μηδὲν ἄγαν

NE FAIS AUCUN EXCÈS.

AGIS TOUJOURS
DE MANIÈRE MESURÉE
ET RÉFLÉCHIE,
PEU IMPORTE
LE DOMAINE.

Χρόνου φείδου

NE GASPILLE PAS TON TEMPS.

**APPRENDS À RECONNAÎTRE
QUE CHAQUE MOMENT
EST IMPORTANT,
CHOISIS DES ACTIVITÉS
QUI CONTRIBUENT
À TES OBJECTIFS
ET À TON BIEN-ÊTRE.
TU ES INVITÉ À L'EFFICACITÉ
ET À TE CONCENTRER
SUR CE QUI COMPTE
VRAIMENT.**

Ὅρα τὸ μέλλον

PRÉOCCUPE-TOI DE TON AVENIR.

CONSACRE DU TEMPS À ENVISAGER ET À PRÉPARER TON AVENIR COMME TU LE DÉSIRES. IL EST TEMPS DE TE PROJETER ET DE DÉLIMITER TES HORIZONS DE VIE.

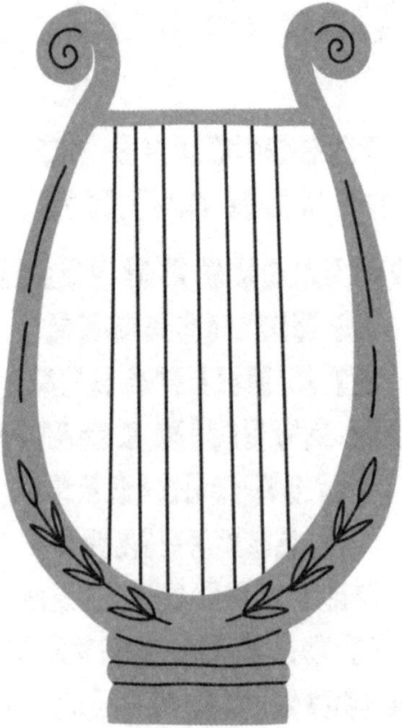

Ὕβριν μίσει

MÉPRISE L'INSOLENCE.

REJETTE LES COMPORTEMENTS IRRESPECTUEUX ET IMPOLIS. IL EST PRÉFÉRABLE DE FAVORISER LA COURTOISIE PLUTÔT QU'UNE ATTITUDE DÉDAIGNEUSE.

Ἱκέτας αἰδοῦ

RESPECTE LES MENDIANTS.

CONSIDÈRE CHAQUE ÊTRE COMME TON ÉGAL, QUELS QUE SOIENT SON STATUT ET SA SITUATION.

Πᾶσιν ἁρμόζου

**SOIS ACCOMMODANT
EN TOUTES CHOSES.**

**IL EST IMPORTANT D'ADOPTER
UNE ATTITUDE FLEXIBLE
QUI S'ADAPTE À TOUTES
LES CIRCONSTANCES.
FAIS PREUVE
DE COMPRÉHENSION,
DE PATIENCE ET DE SOUPLESSE
POUR FAVORISER
DES RELATIONS
HARMONIEUSES.**

Υἱοὺς παίδευε

ÉDUQUE TES FILS.

CETTE MAXIME INDIQUE QUE L'INSTRUCTION, AUSSI BIEN FORMELLE QUE PERSONNELLE, DES PLUS JEUNES EST PRIMORDIALE. N'OUBLIE PAS QUE PRENDRE EN CHARGE L'ÉDUCATION DE TES ENFANTS EST CAPITAL.

"Εχων χαρίζου

SOIS GÉNÉREUX AVEC CE QUE TU POSSÈDES.

N'OUBLIE PAS DE PARTAGER UNE PARTIE DE TES RESSOURCES ET D'OFFRIR DE L'AIDE LORSQUE TU LE PEUX. RECEVOIR PUIS DONNER PERMET DE RESTER DANS UNE DYNAMIQUE BIENVEILLANTE ET DE SOUTIEN MUTUEL.

Δόλον φοβοῦ

MÉFIE-TOI
DES TROMPERIES.

FAIS ATTENTION
À CERTAINES
PROPOSITIONS
OU PERSONNES
QUI PEUVENT ÊTRE
TROMPEUSES.
PRENDS GARDE
ET MÉFIE-TOI
DES FOURBES.

Εὐλόγει πάντας

PARLE TOUJOURS CORRECTEMENT DES AUTRES.

VEILLE À TOUJOURS AVOIR DE BELLES PAROLES ENVERS AUTRUI, NE JURE PAS ET NE DÉNIGRE PAS QUI QUE CE SOIT.

Φιλόσοφος γίνου

SOIS UN CHERCHEUR DE SAGESSE.

FAIS EN SORTE DE TOUJOURS CHOISIR LA SAGESSE PAR TES ACTES, TES PENSÉES OU TES PAROLES.

Ὅσια κρῖνε

JUGE AVEC JUSTICE.

LORSQUE TU ÉMETS UN JUGEMENT SUR UNE SITUATION OU UNE PROBLÉMATIQUE, FAIS EN SORTE D'ÊTRE LE PLUS JUSTE ET OBJECTIF POSSIBLE.

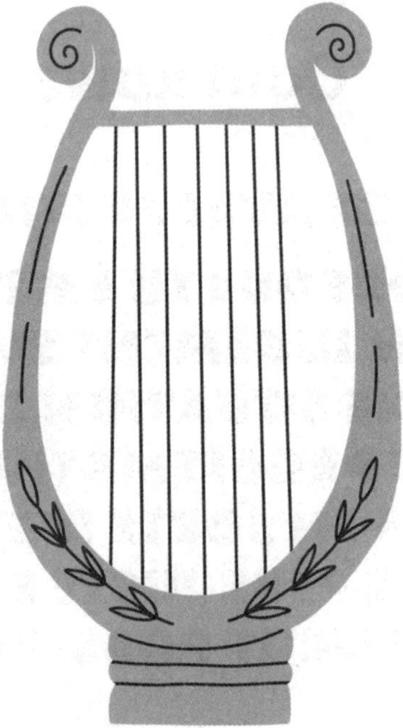

Γνοὺς πρᾶττε

**AGIS SEULEMENT
QUAND TU SAIS.
VEILLE À AVOIR TOUTES
LES CLÉS EN MAIN
AVANT DE VOULOIR
OUVRIR LA PORTE.
IL FAUT QUE TU PRENNES
CONNAISSANCE
DE TOUTES
LES INFORMATIONS
NÉCESSAIRES
AVANT D'AGIR.**

Φόνου ἀπέχου

DÉTOURNE-TOI DES ENVIES DE MEURTRE.

CHOISIS LA VOIE DE LA PAIX ET DE LA RÉSOLUTION DES CONFLITS DE MANIÈRE PACIFISTE. CONTRÔLE TES INSTINCTS VIOLENTS ET OPTE POUR DES SOLUTIONS QUI PRÉSERVENT LA VIE.

Εὔχου δυνατά

PRIE POUR DES CHOSES POSSIBLES.

LORS DE TES PRIÈRES, N'OUBLIE PAS DE RESTER RAISONNABLE ET MESURÉ DANS TES DEMANDES.

Σοφοῖς χρῶ

CONSULTE LES SAGES.

**N'HÉSITE PAS
À DEMANDER
L'AVIS D'AUTRUI
SI TU DOUTES.
DES PERSONNES
PLUS SAGES
PEUVENT T'APPORTER
LES RÉPONSES DONT
TU AS BESOIN.**

Ἦθος δοκίμαζε

FAIS TON AUTOCRITIQUE.

PRENDS LE TEMPS DE T'INTERROGER SUR TON ÉTHIQUE, TES VALEURS ET EFFECTUE UNE INTROSPECTION. SOIS OBJECTIF AVEC TOI-MÊME, NE BLÂME PAS LES AUTRES POUR CE QUI DÉPEND DE TOI.

Λαβὼν ἀπόδος

OFFRE AUX AUTRES CE QUE TU AS REÇU.

OFFRIR À AUTRUI AVEC LE MÊME PLAISIR QUE TU AS REÇU TE PERMETTRA DE COMPRENDRE ET D'INTÉGRER LA GRATITUDE.

Ὑφορῶ μηδένα

NE SUSPECTE PERSONNE.

NE PORTE PAS DE JUGEMENT HÂTIF SUR AUTRUI. SOIS SÛR D'AVOIR TOUS LES ÉLÉMENTS EN MAIN AVANT DE PORTER UN JUGEMENT.

Τέχνῃ χρῶ

UTILISE TES COMPÉTENCES.

TU AS DES RESSOURCES QUI NE DEMANDENT QU'À ÊTRE EXPLOITÉES, N'HÉSITE PAS À LES METTRE EN PRATIQUE.

Ὃ μέλλεις, δός

FAIS CE QUE TU AS PRÉVU DE FAIRE.

FAIS CE QUI TE SEMBLE JUSTE ET SÛR, N'ÉCOUTE PAS CELLES ET CEUX QUI ESSAIERAIENT DE TE DÉVIER DE TON CHEMIN.

Εὐεργεσίας τίμα

HONORE TOUS CEUX QUI TE SONT BÉNÉFIQUES.

SOIS RECONNAISSANT ENVERS CELLES ET CEUX QUI T'AIDENT ET SONT BIENVEILLANTS ENVERS TOI.

Φθόνει μηδενί

**NE SOIS JALOUX
DE PERSONNE.**

**ATTENTION
À LA JALOUSIE,
QUI EST UN
SENTIMENT À FUIR.
SI TU RESSENS
CE SENTIMENT, IL FAUT
TRAVAILLER DESSUS
POUR COMPRENDRE
SON ORIGINE ET
COMMENT L'ÉLIMINER.**

Φυλακῇ πρόσεχε

SOIS VIGILANT.

**EN TOUT TEMPS,
RESTE VIGILANT
ET ATTENTIF À TOUT
CE QUI SE PASSE
AUTOUR DE TOI AFIN
DE TOUJOURS AVOIR
UN COUP D'AVANCE.**

Ἐλπίδα αἴνει

GARDE TOUJOURS L'ESPOIR.

SI TU TRAVERSES UNE PÉRIODE COMPLIQUÉE, CETTE MAXIME VIENT TE RAPPELER QUE LA SITUATION S'ARRANGERA ET QU'IL NE FAUT PAS QUE TU ABANDONNES. GARDE ESPOIR ET INSISTE.

Διαβολὴν μίσει

ÉVITE LE CALOMNIATEUR.

FUIS LES PERSONNES
QUI COLPORTENT
DES RUMEURS
ET CALOMNIENT,
QUE CE SOIT
AUTRUI OU TOI.
MÉPRISE CES
COMPORTEMENTS ET NE
LES REPRODUIS PAS.

Δικαίως κτῶ

GAGNE TA VIE AVEC HONNÊTETÉ.

GAGNE ET CONSTRUIS TA VIE DE MANIÈRE DROITE ET LOYALE. FUIS LA MALHONNÊTETÉ ET L'ASSOCIATION AVEC DES PERSONNES DOUTEUSES.

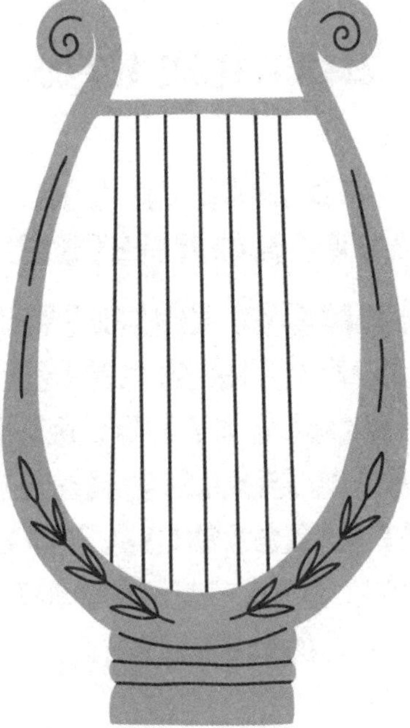

Ἀγαθοὺς τίμα

**FÉLICITE
LES HOMMES BONS.**

**RECONNAIS
ET RENDS HONNEUR
AUX PERSONNES
BIENVEILLANTES.**

Κριτὴν γνῶθι

CONNAIS LE JUGE.

POUR AVANCER DANS LA VIE, APPRENDS À RECONNAÎTRE ET À CERNER LES PERSONNES AYANT AUTORITÉ SUR TOI.

Γάμους κράτει

PRÉSERVE TON MARIAGE.

PRÉSERVE TA RELATION AMOUREUSE DES ACTES ET REGARDS DES AUTRES.

Τύχην νόμιζε

RECONNAIS LA FORTUNE.

PRENDS LE TEMPS DE RECONNAÎTRE TOUT CE QUI EST DÉJÀ TIEN AVANT DE VOULOIR PLUS. FAIS PREUVE DE GRATITUDE POUR CE QUE L'UNIVERS T'A DÉJÀ OFFERT.

Ἐγγύην φεῦγε

FUIS LES PACTES.

ATTENTION À NE PAS FAIRE DE PROMESSES QUE TU NE POURRAS PAS TENIR OU QUI SERAIENT TROP COMPLEXES À RÉALISER.

Ἁπλῶς διαλέγου

QUE TA PAROLE SOIT SANS ÉQUIVOQUE.

EXPRIME-TOI DE MANIÈRE ASSURÉE ET SANS AVOIR DE DOUTE SUR CE QUE TU AFFIRMES.

Ὁμοίοις χρῶ

FAIS-TOI DES AMIS PARMI CEUX QUI TE RESSEMBLENT.

ASSOCIE-TOI AUX PERSONNES QUI TE CORRESPONDENT ET PARTAGENT LES MÊMES VALEURS QUE TOI. UN ENTOURAGE EN ADÉQUATION AVEC TES ÉNERGIES TE TIRERA VERS LE HAUT.

Δαπανῶν ἄρχου

CONTRÔLE TES DÉPENSES.

VEILLE SUR TES FINANCES ET À DÉPENSER DE MANIÈRE MESURÉE. NE SOIS NI DANS L'EXCÈS NI DANS L'AVARICE.

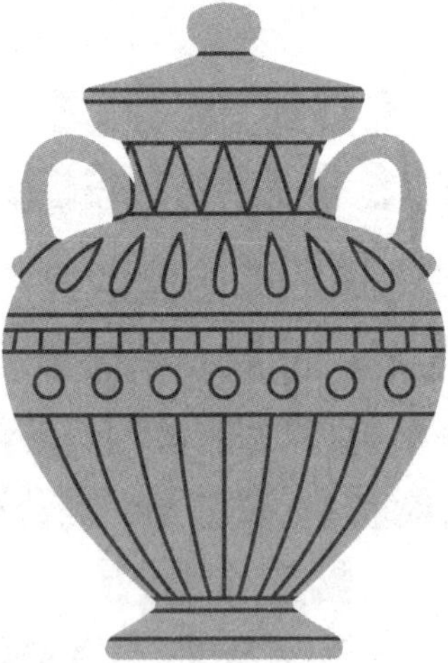

Κτώμενος ἥδου

**SOIS HEUREUX
DE CE QUE TU AS.**

**FAIS PREUVE DE
GRATITUDE ENVERS
CE QUE TU POSSÈDES,
PRENDS LE TEMPS
D'OBSERVER TOUT
CE QUE L'UNIVERS
T'A DÉJÀ OFFERT.**

Αἰσχύνην σέβου

RESPECTE LA HONTE.

RECONNAIS LE COURAGE DE CELLES ET CEUX QUI ONT HONTE ET ADMETTENT LEURS ERREURS, QUI CHERCHENT À SE CORRIGER EN ENCOURAGEANT UN ENVIRONNEMENT OÙ L'APPRENTISSAGE ET LA CROISSANCE PERSONNELLE SONT VALORISÉS.

Χάριν ἐκτέλει

REMPLIS-TOI DE FAVEURS.

FAIS EN SORTE DE TOUJOURS TE RENDRE DISPONIBLE POUR AIDER TON PROCHAIN. NE LAISSE PAS LES AUTRES DANS LE BESOIN.

Εὐτυχίαν εὔχου

PRIE POUR LE BONHEUR.

LORSQUE TU PRIES, FAIS EN SORTE DE CONVOQUER UNIQUEMENT LE BONHEUR POUR LES AUTRES ET TOI-MÊME.

Τύχην στέργε

AIME LA FORTUNE.

APPRENDS À ACCUEILLIR LA PROSPÉRITÉ ET L'ABONDANCE DANS TA VIE, TOUJOURS DE MANIÈRE HONNÊTE. N'AIE PAS HONTE DE TA RÉUSSITE ET CHÉRIS HUMBLEMENT CE QUE TU POSSÈDES.

Ἀκούων ὅρα

ANALYSE CE QUE TU AS ÉCOUTÉ.

FAIS PREUVE D'ESPRIT CRITIQUE ET NE TE LAISSE PAS INFLUENCER PAR LE POINT DE VUE D'AUTRUI.

Ἐργάζου κτητά

**TRAVAILLE
POUR OBTENIR CE QUE
TU VEUX POSSÉDER.**

**POUR PARVENIR
À TON OBJECTIF,
IL NE SUFFIT PAS
D'ATTENDRE, MAIS
IL FAUT AGIR ET
TRAVAILLER DUR.**

῎Εριν μίσει

MÉPRISE LE CONFLIT.

LIMITE LES CONFLITS AUTOUR DE TOI ET PRIVILÉGIE LA PAIX ET LA BIENVEILLANCE.

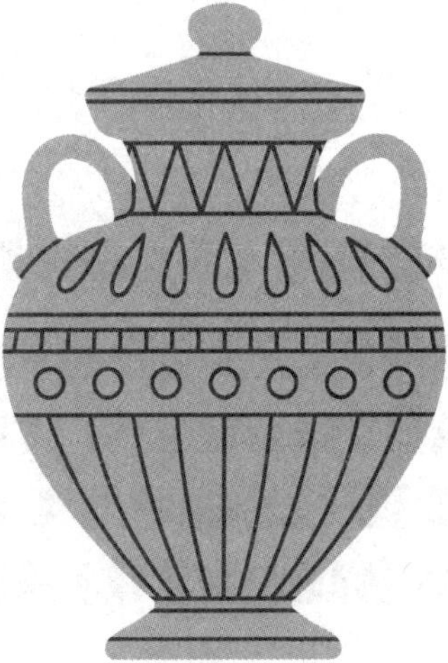

Ὄνειδος ἔχθαιρε

MÉPRISE LA HONTE.

N'AIE PAS PEUR D'AVOIR HONTE ; SI TU AGIS AVEC CETTE PEUR EN TOI, TU RISQUES D'AVOIR DES REGRETS.

Γλῶτταν ἴσχε

RETIENS TA LANGUE.

FAIS ATTENTION À QUI TU PARLES ET À LA MANIÈRE DONT TU LE FAIS, CAR CELA POURRAIT TE PORTER PRÉJUDICE.

Ὕβριν ἀμύνου

ABSTIENS-TOI D'ÊTRE INSOLENT.

NE SOIS PAS IRRESPECTUEUX ENVERS AUTRUI ET FAVORISE UN COMPORTEMENT RESPECTUEUX, QUELLE QUE SOIT LA SITUATION.

Κρῖνε δίκαια

JUGE ÉQUITABLEMENT.
SOIS TOUJOURS JUSTE DANS LES JUGEMENTS QUE TU PORTES SUR TOI, LES AUTRES OU UNE SITUATION.

Χρῶ χρήμασιν

UTILISE CE QUE TU AS.

FAIS EN SORTE D'UTILISER TES CAPACITÉS ET ATOUTS, TU EN POSSÈDES ET IL NE FAUT PAS EN DOUTER.

Ἀδωροδόκητος δίκαζε

JUGE INCORRUPTIBLEMENT.

JUGE EN FONCTION DE CE QUE TU PENSES JUSTE ET NE TE LAISSE JAMAIS CORROMPRE PAR AUTRUI.

Αἰτιῶ παρόντα

N'ACCUSE QUE SI TON ACCUSÉ EST PRÉSENT.

NE PARLE PAS EN MAL D'UNE PERSONNE ABSENTE, PRÉFÈRE LA CONFRONTATION À LA MÉDISANCE.

Λέγε εἰδώς

**NE PARLE
QUE SI TU SAIS.
SOIS SÛR DE CE QUE
TU AVANCES AVANT
DE T'EXPRIMER,
PRENDS LE TEMPS
DE RECUEILLIR
UN MAXIMUM
D'INFORMATIONS.**

Βίας μὴ ἔχου

N'AGIS PAS AVEC VIOLENCE.

AVANT DE RÉAGIR À UNE SITUATION PEU AGRÉABLE, PRENDS DU RECUL ET AGIS CALMEMENT DE PRÉFÉRENCE.

Ἀλύπως βίου

VIS SANS CHAGRIN.

FAIS EN SORTE D'OPTER POUR LES CHOIX DE VIE QUI TE SONT LE PLUS BÉNÉFIQUES ET NE SOIS PAS ATTRISTÉ DE CE QUI RELÈVE DU PASSÉ.

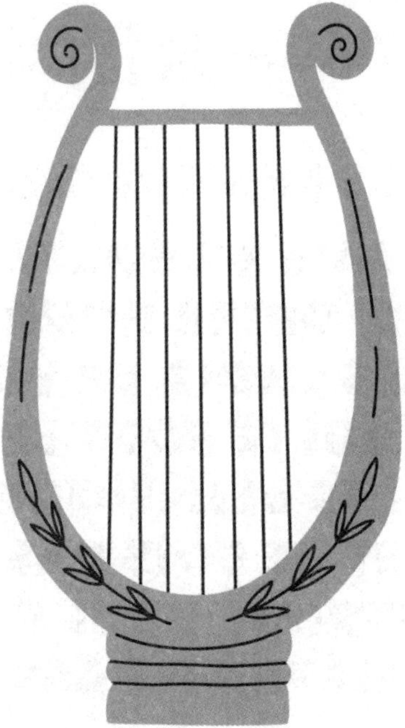

Ὁμίλει πρᾴως

COMPORTE-TOI ENVERS AUTRUI AVEC DOUCEUR.

VEILLE À INSUFFLER DE LA DOUCEUR DANS TES ACTES ET TES PAROLES ENVERS AUTRUI POUR NE PAS BLESSER. PORTE UNE ATTENTION PARTICULIÈRE À TES MOTS.

Πέρας ἐπιτέλει μὴ ἀποδειλιῶν

ACHÈVE LA COURSE SANS REVENIR EN ARRIÈRE.

IL FAUT QUE TU AILLES AU BOUT DE TES PROJETS ET DE TES RÊVES SANS AVOIR PEUR DE L'AUTRE, DE L'ÉCHEC OU ENCORE DE L'INCONNU.

Φιλοφρόνει πᾶσιν

TRAITE LES AUTRES AVEC BONTÉ.

SOIS AVEC AUTRUI COMME TU AIMERAIS QUE L'ON SOIT AVEC TOI, AGIS AVEC BIENVEILLANCE ET GÉNÉROSITÉ.

Υἱοῖς μὴ καταρῶ

NE MAUDIS PAS TES ENFANTS.

**CETTE MAXIME VIENT
VOUS RAPPELER
QU'IL EST IMPORTANT
DE NE JAMAIS MAUDIRE
SES ENFANTS ET DE TOUJOURS
LES ACCEPTER AVEC
LEURS DIFFÉRENCES,
PEU IMPORTENT LEURS CHOIX
DE VIE ET LEURS OPINIONS.
C'EST UNE INVITATION
À L'ACCEPTATION
ET À LA TOLÉRANCE.**

Γυναικὸς ἄρχε

INITIE ET GUIDE TA FEMME.

FAIS DE LA FEMME TON ÉGALE ET LUTTE POUR SA LIBERTÉ.

Σεαυτὸν εὖ ποίει

**SOIS BON
ENVERS TOI-MÊME.
IL FAUT QUE
TU TE COMPORTES
CORRECTEMENT
ENVERS TOI-MÊME ET
QUE TU T'ACCORDES
DES MOMENTS
QUI TE FONT PLAISIR.**

Εὐπροσήγορος γίνου

SOIS COURTOIS.

VEILLE À ENTRETENIR DES RELATIONS COURTOISES ET APAISÉES AVEC TON ENTOURAGE.

Ἀποκρίνου ἐν καιρῷ

RÉPONDS À TEMPS.

**FAIS EN SORTE DE CHOISIR
LE BON MOMENT
POUR RÉPONDRE
ET PRENDRE DES DÉCISIONS
IMPORTANTES.
NE LAISSE PAS L'AUTRE
SANS RÉPONSE
TROP LONGTEMPS
ET NE REPORTE RIEN.
CELA POURRAIT AVOIR
UN IMPACT NÉGATIF
SUR LE LONG TERME.**

Πόνει μετ' εὐκλείας

LUTTE AVEC GLOIRE.

**FAIS EN SORTE DE TOUJOURS
DONNER TON MAXIMUM
POUR AFFRONTER
LES ÉPREUVES DE LA VIE ;
ELLES TE PERMETTENT DE TIRER
DES LEÇONS, DE GRANDIR
ET DE RESSORTIR PLUS FORT.
N'ABANDONNE PAS,
TU RESSORTIRAS BIENTÔT
VICTORIEUX DU COMBAT.**

Πρᾶττε ἀμετανοήτως

AGIS EN T'ASSURANT QUE TU NE VAS PAS LE REGRETTER.

N'AGIS QUE QUAND TU ES SÛR DES CONSÉQUENCES DE TON ACTE ET QUE TU NE REGRETTERAS RIEN.

Ἁμαρτάνων μετανόει

REPENS-TOI DE TES PÉCHÉS.

APPRENDS À RECONNAÎTRE TES ERREURS ET À FAIRE LE NÉCESSAIRE POUR QU'ELLES SOIENT PARDONNÉES.

Ὀφθαλμοῦ κράτει

MAÎTRISE CE QUE TON ŒIL REGARDE.

APPRENDS À TE CONCENTRER SUR TOI-MÊME ET À NE PAS REGARDER ET ÉPIER LES RÉUSSITES ET LES ÉCHECS DES AUTRES.

Βουλεύου χρόνῳ

DONNE TES CONSEILS À TEMPS.

DONNE TES CONSEILS AUX BONNES PERSONNES ET SEULEMENT LORSQUE CELA EST DEMANDÉ OU NÉCESSAIRE.

Πρᾶττε συντόμως

AGIS RAPIDEMENT.

À VOULOIR TROP ATTENDRE, TU PEUX RATER DE BELLES OCCASIONS, IL EST TEMPS D'AGIR VITE.

Φιλίαν φύλαττε

PRÉSERVE TES AMITIÉS.

PRENDS SOIN DE TES AMIS ET FAIS EN SORTE DE CONSERVER DES RELATIONS HARMONIEUSES AVEC TON ENTOURAGE.

Εὐγνώμων γίνου

SOIS RECONNAISSANT.

FAIS PREUVE DE GRATITUDE POUR CE QUE TU AS DÉJÀ DANS TA VIE.

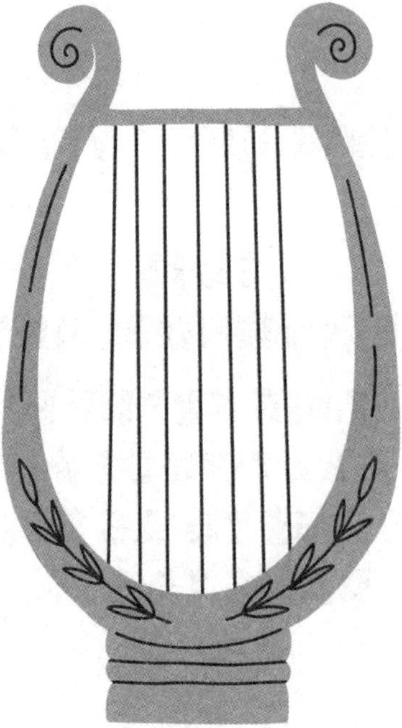

Ὁμόνοιαν δίωκε

POURSUIS L'HARMONIE.

FUIS LES EXCÈS ET FAIS EN SORTE DE TROUVER UN CERTAIN ÉQUILIBRE, AUSSI BIEN DANS TA VIE QUE DANS TON COMPORTEMENT.

Ἄρρητον κρύπτε

GARDE PROFONDÉMENT LES CHOSES SECRÈTES.

LORSQU'UN SECRET T'EST CONFIÉ, APPRENDS À NE PAS LE DIVULGUER.

Tò κρατοῦν φοβοῦ

CRAINS CEUX
QUI SONT AU POUVOIR.
ATTENTION À NE PAS
TE LAISSER DIRIGER
PAR UNE PERSONNE
MALSAINE.
N'OUBLIE PAS QUE
TU AS LE POUVOIR
ET QUE TU ES MAÎTRE
DE TES ACTIONS
ET DE TES PENSÉES.

Τὸ συμφέρον θηρῶ

RECHERCHE TON INTÉRÊT.

IL EST IMPORTANT QUE TU DÉFINISSES CE QUI T'EST BÉNÉFIQUE ET CE QUI NE L'EST PAS. C'EST EN FONCTION DE CE PARAMÈTRE QUE TU DOIS DÉCIDER SI TU DOIS AVANCER DANS UNE VOIE. NE T'ENGAGE PAS DANS DES CHEMINS STÉRILES.

Καιρὸν προσδέχου

ACCEPTE LES MESURES NÉCESSAIRES.

IL EST NÉCESSAIRE DE SAVOIR FAIRE DES CONCESSIONS, DE S'ADAPTER AUX MESURES DEMANDÉES. ATTENTION À NE PAS RESTER INFLEXIBLE.

''Εχθρας διάλυε

DÉBARRASSE-TOI DE TES ENNEMIS.

FAIS EN SORTE DE TE DÉBARRASSER DES PERSONNES QUI POURRAIENT ÊTRE NOCIVES OU NE PAS COÏNCIDER AVEC TES VALEURS ET FUIS LES DISPUTES.

Γῆρας προσδέχου

ACCEPTE LA VIEILLESSE.

VIEILLIR EST UNE PHASE OBLIGATOIRE DE TA VIE ; AU LIEU DE LA FUIR ET DE LA CRAINDRE, APPRENDS À L'ACCEPTER ET À L'AIMER.

Ἐπὶ ῥώμῃ μὴ καυχῶ

NE TE VANTE PAS DE TA FORCE.

FAIS PREUVE D'HUMILITÉ VIS-À-VIS DE TES FACILITÉS ET DE TES FORCES, AU RISQUE DE LES VOIR JALOUSÉES.

Εὐφημίαν ἄσκει

CULTIVE LA DISCRÉTION.

FAIS EN SORTE D'AGIR DANS L'OMBRE ET DE PRÉSERVER TES IDÉES DES AUTRES.

Ἀπέχθειαν φεῦγε

FUIS LA HAINE.

NE T'ACCOMMODE PAS D'ÉNERGIES NÉGATIVES ET PRÉFÈRE LA BIENVEILLANCE À LA MÉCHANCETÉ.

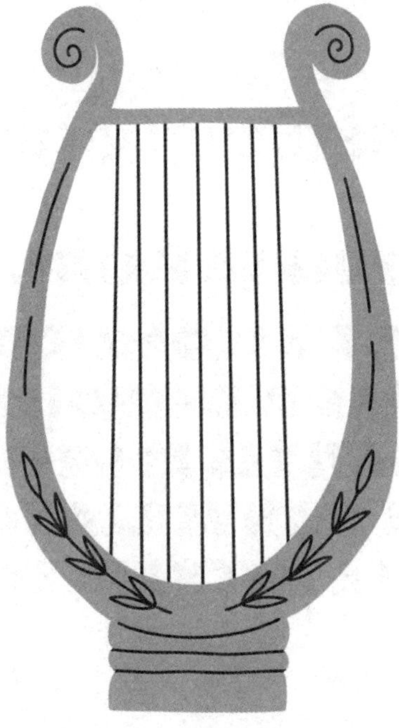

Πλούτει δικαίως

**ACQUIERS
TES RICHESSES
DE MANIÈRE JUSTE.**

**SOIS HONNÊTE DANS
TES INTERACTIONS
ET TON TRAVAIL
AFIN DE RÉUSSIR
DE MANIÈRE JUSTE.**

Δόξαν μὴ λεῖπε

N'ABANDONNE PAS L'HONNEUR.

TU NE DOIS JAMAIS TROQUER TON HONNEUR ET TES VALEURS CONTRE QUOI QUE CE SOIT. RESTE IMPASSIBLE À CE SUJET, NE LAISSE PAS TON HONNEUR ÊTRE BAFOUÉ.

Κακίαν μίσει

MÉPRISE LE MAL.

N'ACCORDE PAS D'IMPORTANCE AUX MAUVAISES PERSONNES ET ACTIONS. NE REPRODUIS PAS DES ACTIONS MAUVAISES PARCE QUE D'AUTRES L'ONT FAIT.

Κινδύνευε φρονίμως

AVENTURE-TOI PRUDEMMENT DANS LE DANGER.

PRENDRE DES RISQUES EST NÉCESSAIRE POUR AVANCER, MAIS ATTENTION À LE FAIRE DE MANIÈRE RÉFLÉCHIE.

Μανθάνων μὴ κάμνε

NE TE LASSE PAS D'APPRENDRE.

NE CESSE JAMAIS DE TE CULTIVER ; PLUS TU EN SAURAS, MIEUX TU AVANCERAS.

Φειδόμενος μὴ λεῖπε

SOIS ÉCONOME.

NE CONSOMME PAS DANS L'EXCÈS ET FUIS LES DÉPENSES INUTILES.

Χρησμούς θαύμαζε

RESPECTE LES ORACLES.

RESPECTE LES MESSAGES QUI TE SONT ENVOYÉS PAR LE DIVIN ET NE LES RENIE PAS.

Οὓς τρέφεις, ἀγάπα

AIME CEUX QUI T'ONT ÉLEVÉ.

N'OUBLIE PAS D'ÊTRE RECONNAISSANT ENVERS CELLES ET CEUX QUI T'ONT FAIT GRANDIR. IL PEUT S'AGIR DE LA FAMILLE, D'AMIS OU D'UN MENTOR, PAR EXEMPLE.

Ἀπόντι μὴ μάχου

NE CRITIQUE PAS QUELQU'UN D'ABSENT.

NE PARLE PAS EN MAL DANS LE DOS DE QUI QUE CE SOIT.

Πρεσβύτερον αἰδοῦ

RESPECTE LES ANCIENS.

VEILLE À RESPECTER CELLES ET CEUX QUI TE PRÉCÈDENT, PAS UNIQUEMENT DANS TA FAMILLE MAIS ÉGALEMENT AUTOUR DE TOI.

Νεώτερον δίδασκε

ENSEIGNE AUX PLUS JEUNES.

LES PLUS JEUNES ONT BESOIN D'APPRENDRE, FAIS EN SORTE DE LEUR TRANSMETTRE AU MIEUX TON SAVOIR. LA TRANSMISSION EST LA SEULE FAÇON DE NE PAS PERDRE LES CONNAISSANCES ET LES VALEURS QUE L'ON PORTE.

Πλούτῳ ἀπίστει

NE FAIS PAS CONFIANCE À LA RICHESSE.

LA RICHESSE EST UNE BONNE CHOSE, MAIS ATTENTION À NE PAS LUI FAIRE ENTIÈREMENT CONFIANCE. IL FAUT GARDER EN TÊTE QUE TOUT CE QUE L'ON A PEUT DISPARAÎTRE ET SE MÉFIER DES PERSONNES INTÉRESSÉES.

Σεαυτὸν αἰδοῦ

RESPECTE-TOI TOI-MÊME.

SI TU VEUX ÊTRE RESPECTÉ, COMMENCE PAR TE RESPECTER TOI-MÊME.

FAIS TES CHOIX EN RESPECTANT TON INTÉGRITÉ.

Μὴ ἄρχε ὑβρίζειν

NE COMMENCE PAS À ÊTRE INSOLENT.

ATTENTION À NE PAS TE SENTIR TROP SUPÉRIEUR AUX AUTRES, CELA NE MÈNE À RIEN DE BON.

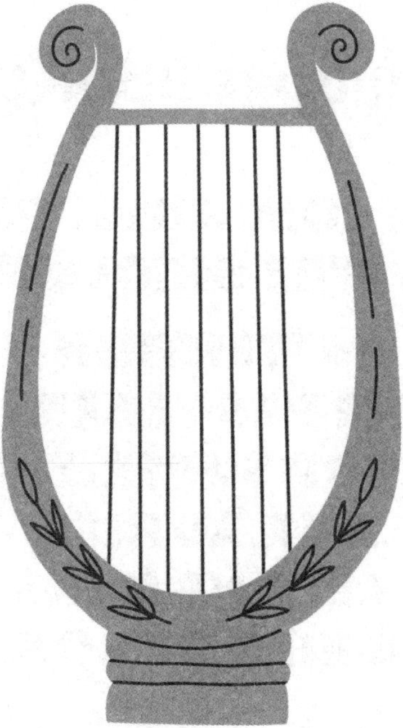

Προγόνους στεφάνου

COURONNE TES ANCÊTRES.

**VEILLE À HONORER
TES ANCÊTRES
PAR TES ACTIONS,
TES PAROLES, TES VALEURS
ET LA MÉMOIRE
QUE TU LEUR PORTES.
ILS TE GUIDENT
ET TE PROTÈGENT,
SOIS-EN RECONNAISSANT.**

Θνῆσκε ὑπὲρ πατρίδος

SACRIFIE-TOI POUR TA PATRIE.

CETTE MAXIME EST UNE INVITATION À SE BATTRE POUR SES RACINES ET SON HÉRITAGE. ELLE INVITE À AIMER SON PAYS ET À LE DÉFENDRE EN CAS DE DANGER. DÉFENDS CE QUI EST À TOI ET CE QUE TU AIMES.

Τῷ βίῳ μὴ ἄχθου

NE SOIS PAS MÉCONTENT DE LA VIE.

INVITE LES ÉNERGIES POSITIVES DANS TA VIE ET FUIS L'INSATISFACTION.

Ἐπὶ νεκρῷ μὴ γέλα

NE TE MOQUE PAS DES MORTS.

RESPECTE LES DÉFUNTS ; LE MONDE DES ESPRITS EST PROCHE DU NÔTRE ET LES TOURMENTER NE MÈNE À RIEN DE BON.

Ἀτυχοῦντι συνάχθου

PARTAGE LE FARDEAU DES MALHEUREUX.

N'OUBLIE PAS LE MALHEUR DE CERTAINS ET AIDE-LES À TRAVERSER LES ÉPREUVES DE LEUR VIE.

Χαρίζου ἀβλαβῶς

AIDE SANS ARRIÈRE-PENSÉES.

IL FAUT QUE TU APPRENNES À DONNER SANS TOUJOURS ATTENDRE QUELQUE CHOSE EN RETOUR. LA CHARITÉ N'EST PAS UNE QUESTION DE GLOIRE OU DE REMERCIEMENTS.

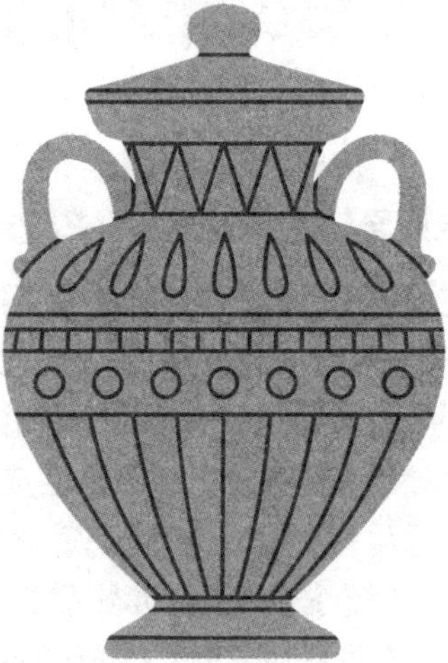

Μὴ ἐπὶ παντὶ λυποῦ

NE T'ATTRISTE DE PERSONNE.

FUIS LE PESSIMISME, APPRENDS À VOIR CE QUI T'ENTOURE DE MANIÈRE PLUS ENTHOUSIASTE.

Ἐξ εὐγενῶν γέννα

ENGENDRE DANS DES LIGNÉES NOBLES.

CETTE MAXIME INDIQUE QUE SI TU SOUHAITES AVOIR DES ENFANTS, IL FAUDRA CHOISIR UN PARTENAIRE STABLE, SAIN ET EN QUI TU AS CONFIANCE. CETTE IDÉE S'APPLIQUE AUSSI AUX PROJETS QUE TU VEUX METTRE EN PLACE. SI TU SOUHAITES CRÉER QUELQUE CHOSE, FAIS EN SORTE DE CHOISIR LES BONNES PERSONNES POUR T'ACCOMPAGNER À TRAVERS CETTE NOUVELLE HISTOIRE.

Ἐπαγγέλλου μηδενί

NE FAIS DE PROMESSES À PERSONNE.

FUIS LES PROMESSES QUE TU RISQUES DE NE PAS RÉUSSIR À TENIR.

Φθιμένους μὴ ἀδίκει

**N'ESSAIE
PAS DE TROMPER
LES MORTS.**

**NE TE PENSE PAS PLUS
MALIN QUE LES DÉFUNTS
EN VOULANT LES UTILISER
OU LES MANIPULER.
VEILLE À N'OFFENSER
PERSONNE
DANS LE MONDE
DES MORTS.**

Εὖ πάσχε ὡς θνητός

**EN TANT QUE MORTEL,
SOIS HEUREUX.**

**APPRENDS À APPRÉCIER
TON EXPÉRIENCE EN TANT
QU'ÊTRE HUMAIN
SUR CETTE TERRE.
IL PEUT Y AVOIR
DES MOMENTS
DIFFICILES, MAIS SOIS
RECONNAISSANT
DE CE QUE TU AS.**

Τύχῃ μὴ πίστευε

NE COMPTE PAS SUR LA CHANCE.

LA CHANCE N'EST RIEN SI ON NE LA PROVOQUE PAS ; IL TE FAUT AGIR POUR OBTENIR CE QUE TU SOUHAITES ET NE PAS TE REPOSER SUR LA FACILITÉ.

Παῖς ὢν κόσμιος ἴσθι

EN TANT QU'ENFANT, COMPORTE-TOI BIEN.

Ἡβῶν ἐγκρατής

EN TANT QUE JEUNE, SOIS BIEN DISCIPLINÉ.

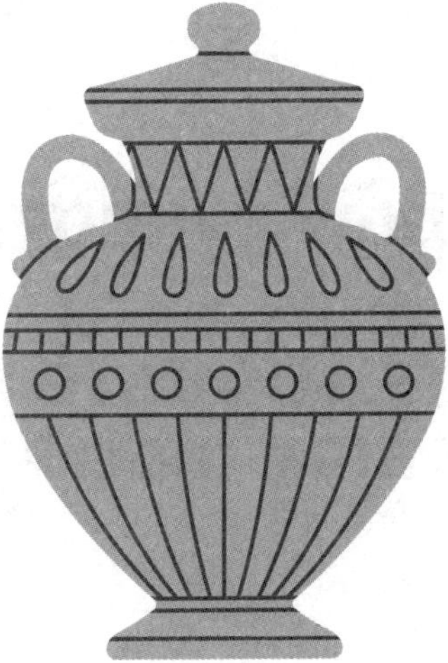

Μέσος δίκαιος

EN TANT QU'ADULTE, SOIS JUSTE.

Πρεσβύτης εὔλογος

EN TANT QU'HOMME ÂGÉ, SOIS RAISONNABLE.

Μὴ ἄρχε ὑβρίζειν

NE COMMENCE PAS À ÊTRE INSOLENT.

Νόμῳ πείθου

OBÉIS À LA LOI.

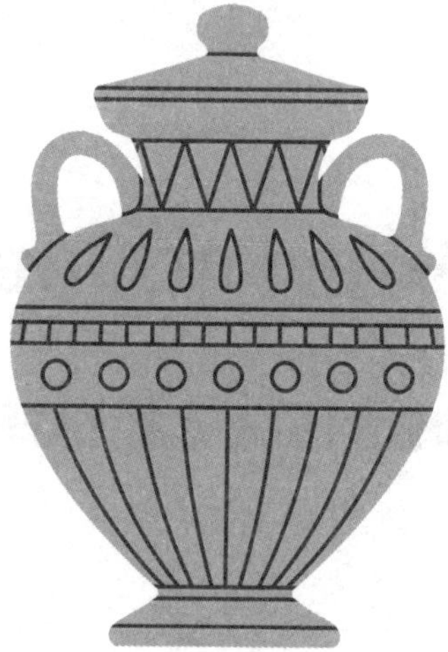

Υἱοὺς παίδευε

ÉDUQUE TES FILS.

Τελευτῶν ἄλυπος

À LA FIN DE TA VIE, SOIS SANS CHAGRIN.

Λέγε είδώς

NE PARLE QUE SI TU SAIS.

Ψέγε μηδένα

NE DÉNIGRE PERSONNE.

Ἐπαίνει ἀρετήν

FAIS DES LOUANGES À LA VERTU.

Γνῶθι μαθών

APPRENDS DE TES EXPÉRIENCES.

Dans la même collection :

Magic Answers Book, 2021.

Love Answers Book, 2021.

Angels Answers Book, 2022.

Money Answers Book, 2022.

Magic Numbers Answers Book, 2022.

Animal Totem Answers Book, 2022.

Sexy Answers Book, 2023.

Êtres Élémentaux Answers Book, 2023.

Wild Moon Answers Book
by Wild Amanda, 2023.

Answers Book pour communiquer
avec les défunts by Isabelle Cerf, 2024.

Certifié PEFC

Ce produit est issu de forêts gérées durablement et de sources contrôlées

PEFC

10-31-1470

www.pefc-france.org

Achevé d'imprimer en mars 2024 par la SEPEC en France

Numéro d'impression : 27305240302